[판권]

1판 발행일 2025년 10월 19일

지은이 · 김홍구

편집인 · 조명숙 . 정의경

디자인 · 정겨울

펴낸곳 · 도서출판 반디앤

주 소 · 서울시 강남구 삼성로 508, 1103

출판 등록 · 제 2025-123호

이메일 · kookims@naver.com

ISBN · 979-11-993813-1-5

값 · 16,000원

어느날,
사라진 내 자리

김
홍
구

지
음

어느날,
사라진 내 자리

김
홍
구

지
음

프롤로그

하루하루, 앞만 보고 달렸습니다.

놓치지 않으려, 뒤처지지 않으려
그렇게 숨 가쁘게 살아냈던 날들

그리고 어느 날,
내가 앉아 있던 자리가
소리 없이 사라졌습니다.

비로소 멈춰 서서
나를 바라보았습니다.

그동안 애써 외면해 온
내 마음을 조용히 들여다보았습니다.

이 시들은
그 멈춤 속에서
다시 피어난 나의 기록입니다.

1부. 그 시간, 그 자리에 ● 13

2부. 머무는 마음 ● 35

5부. 조용히, 다시 시작하기 ● 107

1부.

그 시간, 그 자리에

신호등 앞에서

빨간불이 켜지면
내 발끝은 멈추고
마음만 먼저 달려간다.

초록 불이 켜지면
사람들은 약속한 듯
한데 섞여
바삐 흘러가는 물결이 된다.

나는 그 틈에서
뒷걸음치는 햇살을 보고

어디로 가는지도 모른 채
앞만 보던
내 발자취를 떠올린다.

신호등은 말없이
멈춤과 나아감만을 가르치고

마음은 한번도
노란불로 쉬어 보지 못한 채
오늘도 쉼 없이 달린다.

새벽 열차

어둠 속 신호가 바뀌자
사람들이 일제히 내달린다.

쇼트트랙 선수들처럼
그들 눈엔
빛보다 빠른 출근길만 보인다.

나는 멀찍이 서서
덧없는 하루를 목격한다.

새벽 첫 열차
손잡이에 몸을 기대
꿈과 잠 사이를 오가는
피로한 눈빛들

나도 그랬었다.
그들도 언젠가 지금, 이 순간을
그리워하게 될까?

삶은 바쁘게
흐르다 문득 멈춰 서
뒤돌아보게 한다.

그제야 알았다.
모든 새벽이
얼마나 소중했는지를

엘리베이터 안에서

모두가 같은 방향을 보지만
서로의 눈길은 닿지 않는다.

숫자는 오르고
침묵은 천천히 내려앉는다.

서로 다른 생각을 품은 얼굴
묵은 피로를 두른 눈빛들이
단 한마디도 없이
한 층, 또 한 층을 지나간다.

내릴 곳이 가까워질수록
버튼에 먼저 닿는 손,
말보다 빠른 이별을 위해

짧은 그 정적 속에서
나는 가끔 생각한다.

우리가 끝내 닿지 못한
서로의 마음들에 대하여

혼자 있는 시간

불 켜진 사무실,
의자들은 아직
하품도 하지 않았다.

컴퓨터 전원을 켜고
책상 위 먼지를 털어내면
비로소 하루가 시작된다.

창밖엔
잠든 거리의 빛이 아직 머물고
커피 향기는
마음보다 먼저 따뜻해진다.

누군가는
이 고요를 외로움이라 부르지만
나는 안다.

이 아침의 정적이
얼마나 나를 살게 하는지

사람들이 오기 전까지
세상은 온전히
내가 다 가진 것만 같다.

그것만으로도
오늘 하루는 이미 괜찮다.

텅 빈 의자

하루를 마친 사무실,
불 꺼진 모니터가
창밖보다 더 어둡다.

조금 전까지 사람이 머물던 자리마다
뜨거운 흔적이 하나씩 남아 있다.

식은 커피 한 잔,
메모지 한 장,
아직 마르지 않은 펜의 잉크

그 흔적들은 말없이
오늘도 이 자리에
누군가 있었다는 걸 전해 준다.

그리고 나는
빈 의자 하나를 지나며
내 자리도 언젠가는
말없이 사라질 것을 안다.

하루가 시작된다.

커피 한 모금
책상 위 달력 한 장
어제 지운 메모 위에
오늘의 할 일을 다시 적는다.

창밖에서 스며드는 햇살 한 줌 ,
휴지통은 아직 어제의 말을 기억한다.

출근길에 지나온 신호와
눈 마주치지 못한 사람들
텅 빈 엘리베이터 안의 그림자까지

모두 제자리로 돌아왔다.
아무 일도 없었던 듯

컴퓨터 전원을 켜고
오늘도,
하루가 시작된다.

퇴근 시간

지하철역 출구에서
물결처럼 쏟아지는 사람들을
멀찍이 서서 바라본다.

그들 사이에서
나도 한때
발걸음을 재촉하곤 했다.

지금 나는
그 무리 속에 존재하지 않는다.
그리고 이제야 알았다.

퇴근은
하루의 끝이 아니라

오늘 하루를
무사히 견뎌냈다는
조용한 증명이라는 걸

〈어디쯤, 나였던 곳〉을 지나며
바쁜 일상은 때때로 나를 삼켜버립니다.

늘 지나던 골목, 오르내리던 계단, 서 있던 회의실.
그 모든 익숙함 속에서 문득
'나는 지금 어디쯤 서 있는 걸까'라는 질문이 떠오릅니다.

1부의 시들은 그런 찰나의 질문들로 시작합니다.
의자 하나, 신호등 하나, 혼자 있는 새벽의 순간 속에서
우리는 내 안의 '자리'를 잃고 있다는 것을 알아차리게 됩니다.

이 글들은 그저 하루의 풍경이 아니라
'존재의 외곽'을 따라 걷는 기록입니다.

그리고 이제, 머물렀던 감정의 결이
내 안에서 서서히 말을 걸어오기 시작합니다.

'오늘의 1cm' 체크인,
당신의 하루를 기록하세요

'오늘의 1cm'는
독자가 직접 자신의 마음을
들여다보는 페이지입니다.

바쁘게 살아온 우리가 잠시 멈춰 서서
스스로에게 묻고, 답하며,
자신을 되찾아가는 과정을 기록하는 공간입니다.

매일 쫓기듯 보내는 시간 속에서
1cm만큼이라도 나를 위해 멈춰 서는 연습을 통해,
우리는 사라졌던 '내 자리'를 다시 찾아갈 수 있습니다.

31

나도 시인되기 프로젝트:
바쁜 일상 속에서 사라져 가는 '내 안의 자리'를 다시 찾아보기

앉아본 자리 1곳을 기록해 보기 -신호등 / 새벽 / 조급함

앉은 자리에 작은 증거 남기기:
낙서, 그림, 끄적이기 + 이유 한 단어 (예: '신호등') / 혹은 사진

묻지 않는 시간 3분 확보:

휴대전화 화면 끄고 호흡만 듣기

그 자리에서 느낀 감각 2개 적어 보기

차가운 공기, 앞만 비추는 전조등 불빛

_____

_____

_____

_____

_____

_____

_____

_____

_____

* 첫번째 작가의 스팟에 도달했습니다.   33

2부.

머무는 마음

비 오는 날의 창문

유리창 넘어
세상은 수채화처럼 번진다.
빗방울은 한 줄씩
내 마음을 적신다.

우산 아래 사람들은
바삐 흘러가고
나는 창가에 웅크린 채
그저 바라본다.

흘러내리는 물방울마다
어제의 이야기, 그리움,
차마 마주하지 못한 표정이 스민다.

차가운 유리 너머
가까웠던 것들이 멀어지고
오후의 창엔
지나간 시간만이 머문다.

비가 그치면
이 마음도 마를까?
아니면 또 다른 마음으로
조용히 번져갈까?

카페 모퉁이 자리

창가에서 한 칸 비켜
모퉁이 자리에 앉는다.
벽에 등을 기대면
소음도 바람처럼 흘러간다.

창밖을 보는 일도,
책을 펼치는 일도
잠시 미루고
나는 나를 바라본다.

커피는 천천히 식고
조금 전까지 머무른
잔은 비워진 채 남아 있다.

이 자리는 언제나 여기 있었고
가끔 나는 이곳에 앉아
조용히 마음을 내려 놓는다.

누군가 앉았다 가는 동안
이 자리에
내 마음 한 조각이 놓여 간다.

공원 벤치에서

점심녘 공원
사람들은 벤치를 스쳐 지나간다.

누군가는 앉고
누군가는 조용히 일어난다.

잠시 머문 자리마다
따뜻한 온기가 남아
말 한마디 없어도
그곳엔 하루가 스며 있다.

바람은 책장을 넘기고
비둘기 한 마리
오랜 친구처럼 다가온다.

나는 벤치 끝에 앉아
세상의 중심이 아닌 듯
조용히 그늘이 된다.

햇살이 등을 돌려도 괜찮다.
그늘에도
잠시 머물 수 있으니
이 작은 공간 안에

네온사인 아래

불빛은 눈부시게 쏟아지고
사람들은 웃고 떠든다.

간판 위 글자들은 반짝이지만
그 아래 마음들은
하나같이 흐릿하다.

나는 네온사인 아래
휴대전화를 꼭 쥔다.

누구에게도 걸지 못하고
조금 전 지운 메시지만
몇 번이고 떠올린다.

세상은 여전히 환하게 빛나는데
이 거리에서
나만 외로운 그림자 같다.

불빛은 모든 것을 비추지만
마음속 그림자까지는 닿지 못한다.

그래서 일까?
도시는 밤이 깊을수록
더 쓸쓸해진다.

늦은 밤 편의점

어두운 골목 끝 하얀 불빛 하나
편의점은 아직 잠들지 않았다.

선반 위 삼각김밥,
미지근한 라면,
뜨거운 말 대신
따뜻한 컵 하나

말없이 들어서
작은 바구니를 밀고
묻지 않는 물음 앞에
침묵으로 답한다.

이 밤, 이곳에선
아무 말 없이도
괜찮은 것들이
조용히 살아 있다.

계산대 너머의 알바생처럼
나 역시 오늘을
조용히 견디는 중이었다.

버스 정류장의 기다림

늦은 밤 버스 정류장에 앉아
오지 않는 버스를 기다린다.
가만히, 아무 말 없이

누군가는 먼 길을 떠날 준비를 하고
누군가는 잠시 멈춰 숨을 고른다.

정류장 불빛 아래
내 그림자만 길게 늘어지고
지나는 바람이
조용히 마음을 스친다.

기다림은
늘 누군가를 위한 것만은 아니다.
나를 잃지 않기 위해
잠시 멈춰 서는 일이기도 하다.

택시 안에서

창밖 불빛이 물처럼 흐른다.

뒷좌석에 아무 말 없이 앉아
하루를 뒤돌아본다.

운전기사는 라디오를 켠다.
뉴스도 음악도 아닌
어딘가 떠도는 주파수로
적막을 채운다.

사람들은 도착을 말하지만
나는 도착이 두렵다.

어느 골목 한쪽에
그저 멈춰도 괜찮을 것 같다.

창밖보다 더 흔들리는 건
내 마음이었고
달리는 차 안이
가장 고요한 자리였다.

시계 소리

말이 사라진 저녁,
방 안엔 초침 소리만 남아 있다.

한 칸 한 칸
시간은 앞으로 가는데
마음은 늘 제자리에서 맴돈다.

멈춰 선 기억하나가
바늘보다 느리게
내 안을 스며든다.

작고 가는 그 소리조차
쉽게 잊히지 않아

오늘도 나는
그 조용한 리듬에
내 마음을 맞춰 살아간다.

〈마음이 앉은 자리〉를 지나며
마음은 때때로 걷지 않고 앉고 싶어 합니다.

벤치 위, 편의점 불빛 아래, 정류장 의자에
그렇게 나는 익숙한 장소에 낯선 감정을 눌러 앉혔습니다.

'자리'는 물리적인 것이 아니라,
감정이 스며든 풍경이었으며
사람은 그 풍경을 통과해 감정을 확인합니다.

그래서 이 시들이 말하기를
'그때 그 마음이 그 자리에 있었다'
그 마음이 향하던 곳
그리움의 이름을 가진 시간으로 향합니다.

'오늘의 1cm' 체크인,
당신의 하루를 기록하세요

'오늘의 1cm'는
독자가 직접 자신의 마음을
들여다보는 페이지입니다.

바쁘게 살아온 우리가 잠시 멈춰 서서
스스로에게 묻고, 답하며,
자신을 되찾아가는 과정을 기록하는 공간입니다.

매일 쫓기듯 보내는 시간 속에서
1cm만큼이라도 나를 위해 멈춰 서는 연습을 통해,
우리는 사라졌던 '내 자리'를 다시 찾아갈 수 있습니다.

나도 시인되기 프로젝트:
내 안에 머물렀던 감정의 결을 들여다기

오늘 정리한 것 1개(물건/문장/감정)와 이유 한 줄

내 안의 서랍에서 꺼낸 감정 1개에 이름 붙이기

오늘 멈춤의 순간 10초 묘사:

.

오늘 건넨 나눔 1개(시간/말/지식)

_____

_____

_____

_____

_____

_____

_____

_____

_____

_____

* 두번째 작가의 스팟에 도달했습니다.

3부.

그리움이라는 이

편지 한 장

말을 꺼내려다
몇 번이고
접었다 펼쳤다.

종이 위엔
잉크보다 먼저
머뭇거림이 스며들었다.

그대의 이름을 적고
한참을 바라보다
다시 지웠다.

전하지 못한 말들이
한 장의 종이 안에 눌리고
봉투에 담지 못한 그 날

나는 그대를
한 번 더
가슴 깊이 접어 두었다.

그 이름을 부르지 않아도

그 이름,
부르지 않아도
어느 날엔
먼저 떠오른다.

익숙한 골목 끝,
낯선 향기 사이,

우연히 스친 노래 한 소절이
조용히 그대를 데려왔다.

나는 아무 말도 하지 않았고
그대도 대답이 없었지만

그 짧은 순간
내 안에 여전히 남아 있는
사랑이란 것의 또 다른 속성을
비로소 알았다.

사진 속 너는 웃고 있었다.

서랍 깊은 곳에서
빛바랜 사진 한 장이
손끝에 닿았다.

사진 속 너는
아무 일 없다는 듯
그때 그 미소로 웃고 있었다.

너는 여전히 그 자리인데
나는 그 뒤로
수많은 계절을 지났다.

변한 건 나인데
잊히지 않는 건
왜 늘 너일까

가끔은 그 웃음 하나로
오늘을 견딘다.

먼 후일

먼 훗날 어느 오후,
문득 그대가
나를 떠올린다면

그땐 말없이
고개 들어
하늘을 바라봐 주세요

구름이 흘러가는 그 방향에
아직도 내 마음이
머물고 있을지 모르니까요!

그대는 잊어도 괜찮습니다.

내가 기억하겠습니다.
조용히 추억하며
잘 살아가고 있을 테니까요!

지우지 못한 메시지

휴대전화 속
읽지 않은 메시지 하나

그대가 아닌,
내가 보냈고
내가 지우지 못한 말

지금은
더 이상 연락하지 않아도
그 말은 안에서
여전히 울린다.

삭제 버튼 위에서
한참을 망설이다
다시 조용히 덮는다.

때로는
지운 것보다
남겨둔 것이
마음을 덜 아프게 한다.

아이의 손

작고 따스했던
아이의 손을
나는 한참 놓지 못했다.

건널목 앞에서
낯선 병원 복도에서
잠든 밤 이불 끝에서조차
그 작은 손은
내 마음을 먼저 잡아주었다.

그러다 어느 날
그 손이 조용히
나를 놓기 시작했다.

이제는 기억 속에만 남은
작은 손의 온기를
나는 아직도 가만히 쥐고 서 있다.

그날의 마지막 말

그날 무슨 말을 했는지
잘 기억나지 않는다.

아니, 기억하고 싶지 않았는지도 모른다.

떨리는 손끝의 망설임이었을까!
짧은 인사였나
말 없는 눈빛이

어쩌면 그날의 못다 한 말이
그대의 마지막 얼굴이 되어

지금도 내 마음 한쪽에
그늘처럼 남아 있다.

낙엽 위의 발자국

가을 공원
낙엽 위에 찍힌 발자국을
나는 한참 바라보았다.

누구의 것인지
어디로 향하는지 몰라도
낯설지 않은 흔적이다.

우리의 시간도
저렇게 스쳐 지났을까?

밟고 지나온 줄 알았던
많은 날이
이제 와서 나를 밟고 서 있다.

〈그 이름을 지나며〉 사람은 누구나
한 번쯤은 부르지 못하는 이름을 품고 삽니다.

편지 한 장, 사진 한 장,
아이의 손처럼
언젠가 있었으나 다시는 닿을 수 없는 존재들.

3부의 시들은 관계의 잔상으로 가득 차 있습니다.

사라진 자리는 공간이 아니라
그리움이 남긴 온도였고
그리고 그 온도는
언젠가 내 이름 앞에서 다시 묻습니다.

"당신은 지금 누구입니까?"

'오늘의 1cm' 체크인, 당신의 하루를 기록하세요

'오늘의 1cm'는
독자가 직접 자신의 마음을
들여다보는 페이지입니다.

바쁘게 살아온 우리가 잠시 멈춰 서서
스스로에게 묻고, 답하며,
자신을 되찾아가는 과정을 기록하는 공간입니다.

매일 쫓기듯 보내는 시간 속에서
1cm만큼이라도 나를 위해 멈춰 서는 연습을 통해,
우리는 사라졌던 '내 자리'를 다시 찾아갈 수 있습니다.

오늘의 1cm

오늘 떠오른 이름 1개를 소리 내지 않고 적기(호칭 없이 이니셜만).

접힌 마음 펴보기: 종이 한 장 접었다 펼치며 지금 감정 한 단어 쓰기

지우지 못한 문장 1줄 기록(보내지 않아도 됨).

.

오늘 생각난 감정 하나: 색깔, 이름, 향기로 기억

_____

_____

_____

_____

_____

_____

_____

_____

* 세번째 작가의 스팟에 도달했습니다.

4부.

내가 멈춘 자리에서

명함 한 장

서랍 한켠 잠들어 있던
명함 한 장이
책갈피처럼
삐죽 고개를 내민다.

이름 아래 작은 글씨,
한때 빛나던 직함은
이제 나를 설명하지 못한다.

수백 장을 건네며
얼마나 많은 악수를 했던가?

그때는
이 한 장이
내 전부인 줄 알았다.

지금은
그 종이보다 작아진 자리를
말없이 접어 넣는다.

빈 회의실

회의실 문을
살며시 열어본다.

익숙했던 의자들,
화이트보드에 남은
지워지지 않은 내 글씨

내 자리는 비어 있었고
아무도 나를 찾지 않는다.

매주 이 공간에서
나는 회의를 주관 하고
토론과 결정이 오갔던 시간

지금은
벽 한쪽 빛바랜 사진들이
그 시간을 담아 기억하고 있다.

명판과 사원증

투명한 플라스틱 안에
내 이름과 얼굴이
작게 웃고 있었다.

회사를 드나들던
수많은 출입 속에서
나를 알리는 자랑스럽던
명판과 사원증

무표정한 눈빛까지
모두 이 사각형 안에
남아 있었다.

반납 서류에 서명하고
모두를 건넸을 때
손끝이 조금 떨렸다.

그제야 알게 되었다.
회사를 떠난 게 아니라
내 일부를
그곳에 묻어두고 왔음을

'○○○님'이라는 호칭

한때는
'○○○님'이라 불리는 게
당연했다.

사람들의 부르는 호칭에
나는 내가 누구인지
매일 확인 받았다.

그러나 이제 전화벨은 잠잠하고
이메일은 오지 않는다

오직 택배 상자에만
내 이름이 적힌다.
그 앞에는
아무런 호칭도 없다.

그제야 알았다.
호칭이 사라진 자리에
나는 나를 어떻게 부를지
한참을 생각했다.

집에서의 첫 월요일

알람이 울리지 않아도
늘 그랬듯
아침 여섯 시, 침묵 속에서 눈을 떴다.

창밖 도로의 전조등 불빛은
바쁘게 움직이고
거리의 시간은
숨 가쁘게 흘러가지만

나는 오늘
어디에도 가지 않았다.

양복 대신 편한 차림으로
식탁에 앉아
천천히 커피를 마셨다.

이 월요일이
어느 월요일보다
낯설었다.

마치 세상은 출근했고
나만 어딘가
빠져버린 것 같았다.

거울 앞에서

면도 후
습관처럼 거울을 본다.
낯익은 얼굴이 말없이 나를 바라본다.

거울 속 얼굴인지 혹은 거울 속 그가
바라보는 나인지 모르겠으나
어쨌든 그는
직함도, 소속도 없다.

눈가의 주름과
굳게 닫힌 입꼬리가
이렇게 말해주고 있다.

그동안 애 많이 썼다고...
그리고 거울을 사이에 둔 두 얼굴은
조용히 인사를 나누었다.

오늘부터
다시, 잘 부탁합니다.

새로 사 온 화분

오늘
작은 화분을 하나 들였다.

연한 잎, 반듯한 줄기
설명서엔
햇살과 물,
그리고 적당한 온도가
필요하다는 메모가 꽂혀있다.

매일 아침 물을 주고
햇볕이 잘 드는 자리에 놓았다.

그러다 문득, 알게 되었다.
내가 화분을 키우는 게 아니라
이 화분 덕분에
내 하루가 조금씩 자라고 있음을

도서관에서

도서관 한쪽
햇살 비치는 창가에 앉았다.

책들은 조용히 숨 쉬고
사람들은 말을 잊은 채
장(張)을 넘긴다.

그 조용한 틈에서
오랜만에 나는 나를 읽었다.

꼭 무언가를 배우려 애쓰던 날에
놓쳤던 문장들

생각 없이 넘기던 이야기들이
이제야 천천히
마음에 들어왔다.

지금 나는 지식을 쌓는 대신
내 안의 문장을
가만히 다듬는 중이다.

오늘의 나에게

오늘은
어제보다 조금 더
나를 헤아려 보기로 했다.

서둘러 가지 않아도
누군가의 부름을 기다리지 않아도
괜찮다고
스스로 말해주었다.

거울 넘어
어깨를 숙인 나에게
조금은 미안했고
조금은 고마웠다.

이제는
조금 느려도 좋으니
하루에 한 번쯤은
나에게 너그러웠으면 한다.

〈이름 없는 나를 마주할 때〉
'멈춤'은 종종 끝이 아니라
"새로운 나"를 호출하는 시작이 됩니다.

제4부의 시들은
직함, 명패, 호칭 등
외부의 언어들이 벗겨진 후의 '나'를 들여다봅니다.

우리가 무심코 붙잡아왔던 '나라는 이미지'는
사실 얼마나 쉽게 지워지는가
그러나 사라졌다고 해서
나는 없어진 것이 아닙니다.

거울 앞에 선 나,
도서관의 조용한 책상에 앉은 나,
식물에 물을 주는 나.
나는 다시 나를 부를 준비를 합니다.

'오늘의 1cm' 체크인,
당신의 하루를 기록하세요

'오늘의 1cm'는
독자가 직접 자신의 마음을
들여다보는 페이지입니다.

바쁘게 살아온 우리가 잠시 멈춰 서서
스스로에게 묻고, 답하며,
자신을 되찾아가는 과정을 기록하는 공간입니다.

매일 쫓기듯 보내는 시간 속에서
1cm만큼이라도 나를 위해 멈춰 서는 연습을 통해,
우리는 사라졌던 '내 자리'를 다시 찾아갈 수 있습니다.

오늘의 1cm

나도 시인되기 프로젝트:
'나라는 이미지'가 사라진 자리에서, 다시 나를 부를 이름은 무엇일까

오늘 나를 부르는 신호 한 줄 만들기(예: "진행 중인 사람")

외부 호칭 없이 나를 확인한 장면 1개 기록

지우지 못한 문장 1줄 기록(보내지 않아도 됨).

.

3분 머무르며 감각 2개 적기(빛/온도/소리)

_____

_____

_____

_____

_____

_____

_____

_____

_____

_____

* 네번째 작가의 스팟에 도달했습니다.

5부.

조용히, 다시 시작하기

지워지지 않는 메모

서랍 속 한 장의 메모가
버려지지 않은 채 남아 있었다.

'회의 2시 / 보고서 1차 마감'
조급했던 손 글씨에
그날의 숨 가쁨이 배어 있었다.

이제는 일정도 없고
나를 기다리는 이도 없지만

나는 아직
그 메모를 완전히 버리지 못한다.

마치 그것이
내가 누군가에게 필요했던
증거인 것처럼

아무도 부르지 않는 이름

휴대전화 화면이
하루 종일 잠든 채로 있다.

메시지 함은
조용히 닫힌 채

예전엔 끝없이 울리던
전화벨과 회신 알람
그 안에 내가 있었다.

지금은 그 이름으로
누구도 부르지 않지만

나는 가만히
내 안에서 그 이름을 불러본다.
애틋하고 조금은 서먹하게

느린 아침

오늘 아침은
알람의 재촉 없이
편안하게 깨어났다.

창문 틈 햇살이 천천히 들어오고
커피 향이 방 안을 가득 채운다.

서둘러야 할 일정도
급히 건넬 메시지도 없는 아침

처음 알았다.
아침이 이렇게 느리다는 걸

이 느림은 게으름이 아니라
내 영혼이 숨 쉬는
고유한 리듬이었다.

그 길 끝에서

무작정 집을 나섰다.
목적지 없이
발길 닿는 대로

골목 끝 작은 꽃가게
계단 위 나무 의자
창문 너머 웃음 짓는 노인

그 모든 풍경이
오늘은 내게 말을 걸었다.
"잘 가고 있어요"

그 길 끝엔 아무것도 없었지만
그저 걸었다는 것만으로
하루가 충만해졌다.

길을 잃는 것도
하나의 길임을

오래된 음악

라디오에서
낯익은 멜로디가 흐른다.

한때는 무심히 흘려듣던 노래
지금은 가사 하나하나가
마음을 두드린다.

왜 그 시절 그 템포는
빠르게 느꼈는지,
내 마음이 그랬던 걸까?

한 줄도 와 닿지 않던
가사가 들리기 시작한다.

이제야 느려진 음정 속에
담긴 마음을
어렴풋이 알 것 같다.

오래된 음악에 묻힌
내 어떤 그리움이
잠들었던 마음을
조용히 불러낸다.

벤치에 앉아

공원 한쪽
나무 벤치에 앉았다.

무릎 위로 따스한 햇살이 조용히 내려앉고
바람이 나뭇잎을 부드럽게 흔든다.

강아지 한 마리가
내 음 맡으며 지나간다.

나는 아무 말도 하지 않고
마음의 문도 조용히 닫는다.

그저 앉아
흘러가는 것을 바라보았다.

그 순간 문득 찾아온 깨달음
살아간다는 건
때론 그저 앉아 기다리는 일이라는 걸

이름 없는 하루

오늘은
별다른 일이 없었다.

누구를 만나지도 않았고
마음에 남을 일도 없었다.

창밖을 보다가
잠시 졸고
커피를 마시다
책 몇 장을 넘겼다.

그저 그런 하루였지만
지나고 나니 마음은
조금 가벼워졌다.

이제야 알게 된다.
무언가 하지 않아도
충분히 괜찮은 날도 있음을

다시 쓰는 다이어리

한동안 잠들어 있던
다이어리를 다시 펼쳤다.

예전엔
해야 할 일의
계획과 마감으로
빽빽이 채웠지만

이제는 오늘의 기분
창밖의 날씨
잠깐 스친 생각들로
내 다이어리가 가득하다.

비어 있던 그 공간에
나의 숨결이 조금씩
스며든다.

계절이 바뀌듯

어느새
나뭇잎이 물들고
바람결은 한결 조용해졌다.

햇살은 어깨 위에
작은 온기를 남긴다.

계절은 누구의 허락 없이도
자연스레 옷을 갈아입는다.

삶도 그런 게 아닐까?
애써 붙잡지 않아도
놓을 줄 알면 저절로 바뀌는 것

나는 오늘
조금 덜 애쓰기로 했다.

계절이 바뀌듯
내 마음도 그렇게 흘러가도록

내일의 약속

작은 노트를 꺼내
내일하고 싶은 일을
하나 적었다.

산책하거나, 책 한 장에 머물거나,
아니면 아무것도 하지 않아도 된다.

중요한 건
내일도 나와 약속이 있다는 것

그 약속 하나가
오늘을 더 깊이 껴안게 한다.

〈천천히, 나를 되찾는 일〉
5부는 회복의 소리 없는 시작입니다.
화려한 변화도, 큰 사건도 없습니다.

그저 조금씩 삶에 스며드는 따뜻한 순간들
느린 아침, 오래된 음악, 다이어리 한 줄, 계절의 냄새
이 시들은 말합니다.

"살아 있는 것만으로도 충분하다"고.
'다시'라는 말이
'처음보다 더 어렵지만, 더 진짜인 출발'이 되는 시기

제5부는 그런 순간을 지나며
스스로를 다시 바라보는 시선을 회복합니다.

'오늘의 1cm' 체크인,
당신의 하루를 기록하세요

'오늘의 1cm'는
독자가 직접 자신의 마음을
들여다보는 페이지입니다.

바쁘게 살아온 우리가 잠시 멈춰 서서
스스로에게 묻고, 답하며,
자신을 되찾아가는 과정을 기록하는 공간입니다.

매일 쫓기듯 보내는 시간 속에서
1cm만큼이라도 나를 위해 멈춰 서는 연습을 통해,
우리는 사라졌던 '내 자리'를 다시 찾아갈 수 있습니다.

오늘의 1cm

◀ '다시'라는 말이 '처음보다 더 어렵지만, 진짜 출발인 시작을 기록하기

느린 순간 기록: 오늘 가장 느렸던 3분은 어디였나?

_____

_____

_____

_____

_____

아무도 부르지 않아도 내가 나를 부른 이름 한 단어

오늘의 여백 한 칸: 다이어리 빈 칸 사진/메모

내일의 약속 1개:
산책/독서/아무것도 안 하기 중 택1

_____

_____

_____

_____

_____

_____

_____

_____

* 다섯번째 작가의 스팟에 도달했습니다.   133

6부.

결정의 자리

또 다른 문

한 문이 닫히면
모든 게 끝인 줄 알았다.

조용히 옆에
또 다른 문이 열리고 있었다.

나는
망설이다가
그 문 앞에 섰다.

그리고 조용히
문을 밀었다.

새로운 인생은
오래 쌓은 경험과
조용히 얻은 깨달음의 열쇠로
내가 직접 여는 것이다.

빈 사무실의 불빛

모두가 떠난 뒤
홀로 남은 사무실

형광등만이 꺼지지 않은 밤
쌓인 서류 더미

계산기에 희미하게 남은 숫자들이
오늘의 고단함을 말해준다.

나는 홀로 남아
직원들의 얼굴을 떠올린다.

그들의 내일이
내 손끝의 결정에 달려 있음을 알기에
멈출 수도, 타협할 수도 없다.

사업은 이익의 수치를 넘어
사람들의 삶을 엮어내는 일

그것이 내가 지켜야 할 가치라는 걸 깨닫는다.

서류 더미 속의 심장

빽빽한 글자와 붉은 도장이
서류 더미 위에 숨 막히게 내려앉는다.
돈으로만 셈할 수 없는 가치가 있다.

상대방을 배려하고,
임직원을 따뜻하게 품으며,

환경과 사회에 빚지지 않는 길을 찾는 것.
함께 살아갈 미래를 위한 약속이다.

그래서 나는 오늘도
펜 끝을 들며 다짐한다.

종이 위에 남길 문장은
사람들의 삶을 지탱하는
단단한 약속임을 되새기며.

외로운 식탁

붐비는 식당 한편에 홀로 앉아
김 오르지 못한 국밥을 마주한다.

수화기 너머로 오가는
계산과 협상의 날 선 목소리

그러나 젓가락을 내려놓을 때마다
떠오르는 건

내 곁을 지켜주는 동료들의 얼굴,
서로를 믿고 걸어가는 거래처의 손길

외로운 자리에 앉아 있어도
그 속에서 피어나는 건
배려와 이해다.

사업은 나 혼자의 식사가 아니라
모두의 신뢰를 나누는
긴 만찬임을 나는 느낀다.

압박의 시계

똑, 똑.
무심코 흐르는 시곗바늘이
내 심장을 두드린다.

만기일도, 급여일도 기다려주지 않는다.

거래처의 기대, 은행의 시선,
직원들의 삶이 한데 얽혀
시간은 차디찬 돌덩이처럼 짓누른다.

그러나 그 무게 속에서도
나는 멈추지 않는다.

압박은 내 결단을 단련하고
나는 그 속에서 길을 배운다.

오늘도 시간의 무게를 견디며
내일을 향한 발걸음을 내딛는다.

벽에 부딪히는 날들

애써도 풀리지 않는 날이 있다.

투자는 무산되고,
계약은 파기되며,
믿었던 약속은 허공에 흩어진다.

내 앞에 놓인 벽은
한 발짝도 내딛지 못할
거대한 장벽처럼 솟아오른다.

그러나 나는 안다.
이 벽은 길을 막으려는 것이 아니라
내 안의 힘을 시험하는 것임을

넘지 못하면 멈춰 서서
벽에 손을 대고 숨을 고른다.

포기하지 않는 한
벽은 언젠가 문이 된다.

희망의 작은 불씨

무너질 듯 흔들리는 날에도
한 줄기 빛은 남아 있다.

거래처의 따뜻한 악수,
직원의 환한 미소,
뜻밖의 격려 한마디

그것들은 거대한 불길이 아니어도
내 마음속에 작은 불씨를 남긴다.

나는 그 불씨가 꺼지지 않도록
바람을 막고,
두 손으로 감싸며
조심스레 숨을 불어넣는다.

사업은 결국
이 작은 불씨 하나에서 시작해
세상을 밝히는 등불로 자라난다는 것을

나는 오늘도 다시 배운다.

성공의 신기루

멀리서 반짝이는 불빛,
손에 닿을 듯 잡히지 않는 꿈

그래프는 오르고,
계약은 뒤바뀐다.

성공은 늘 가까운 듯 멀리서
나를 시험한다.

신기루를 쫓는 길 위에서도
나는 배운다.

허상 속에서도 꺼지지 않는
뜨거운 열망과 굳은 의지를

진정한 성공은
저 멀리에 있지 않다.

오늘의 작은 걸음을
끝까지 지켜내는 것

나는 오늘도 그 길을 걷는다.

존경의 눈빛

나는 이제야 이해한다.
사업가들의 눈가에 새겨진
깊은 주름의 의미를

그들은 화려한 자리에 앉아 있어도
그 눈빛에는
수많은 폭풍을 견뎌낸
굳건한 바다가 숨 쉬고 있었다.

고독과 압박, 실패와 희망의 시간을
묵묵히 버텨온 사람들

나는 그 눈빛에서
진정한 존경을 배운다.

사업이란 이익이 아니라
먼저 인간의 품격으로 기억되는 길임을
그들의 삶이 보여주고 있다.

불타는 심장

외로움과 압박,
수많은 고충을 지나온 끝에

마지막으로 남는 것은
뜨겁게 타오르는 심장 하나

수치와 계약의 흔적 위로
먼저 뛰는 것은
가슴 깊은 열정이며
포기하지 않는 불씨다.

나는 깨달았다.

사업이란 결국
신뢰와 나눔,
정직과 존경이 어우러진
긴 여정이라는 것을

그 길 위에서
내 심장은 오늘도 타오른다.

<사업참여로 깨달은 창조의 가치>
새로운 문은 도전과 용기가 필요했습니다.

사업의 길은 외롭고 고단합니다.
그러나 그 길 위에서 진정으로 빛나는 것은
이익이 아니라 사람과의 신뢰, 존경, 그리고 나눔입니다.

수많은 압박과 실패, 끝없는 긴장 속에서도
작은 희망의 불씨는 꺼지지 않고 이어집니다.

사업은 홀로의 싸움 같지만,
결국은 함께 살아가는 여정입니다.

창조의 가치를 지켜내는 일,
정직과 품격으로 존경받는 길,

그것이 사업가가 걸어야 할 길이며
오늘도 내가 다짐하는 삶의 방식입니다.

'오늘의 1cm' 체크인,
당신의 하루를 기록하세요

'오늘의 1cm'는
독자가 직접 자신의 마음을
들여다보는 페이지입니다.

바쁘게 살아온 우리가 잠시 멈춰 서서
스스로에게 묻고, 답하며,
자신을 되찾아가는 과정을 기록하는 공간입니다.

매일 쫓기듯 보내는 시간 속에서
1cm만큼이라도 나를 위해 멈춰 서는 연습을 통해,
우리는 사라졌던 '내 자리'를 다시 찾아갈 수 있습니다.

오늘의 1cm

◀ 나만의 '희망의 불씨'가 꺼지지 않도록, 오늘 어떤 바람을 막았나요?

나의 오늘, 가장 중요한 결정은?

그 결정은 나에게 어떤 의미였을까? 과거 경험 재구성하기

160

오늘의 여백 한 칸: 나를 돌아보고 보다 나은 선택의 길 찾기

내일의 약속 1개:

두려움에도 불구하고 한 걸음 나아갔던 순간의 기록

* 여섯번째 작가의 스팟에 도달했습니다.

에필로그

이제는
그 모든 시간을 감사하게 정리하려 합니다.

지나온 발자국은
누군가에게 작은 등불이 되기를 바라며,
이 마음을 편지처럼 기부합니다.

새로운 길은
두려움을 품고 시작됩니다.

그러나 알고 있습니다.

내가 걸어온 시간은
다시 일어설 용기가 되었다는 것을

이 시집은 바쁘게 살아온 한 사람이 40여년의 일기를 바탕으로
멈추고 돌아본 순간의 기록입니다.

매일의 출근길, 아무 말 없이 마주하던 얼굴들,
은퇴 후의 적막한 아침,
그리고 조심스레 용기내어 열어본 새로운 문까지

필자는
일상 속 무심한 장면에서 따뜻한 감정을 발견하고,
자신이 지나온 삶을 글로 정리하며
'사라졌지만 남아 있는 자리'에 대해 이야기합니다.

특히 이 시집은
도시의 그늘, 퇴직 후의 침묵, 회복의 과정,
그리고 다시 걸음을 내딛는 용기까지
총 6부 52편의 시로 정리되어 있습니다.

이 시집에 꼭 담아내고 싶은 것은
바쁜 삶을 살아낸 모두에게,
잠시 멈추고 싶은 당신에게 전하는
조용한 안부입니다.